David Isiavwe

Gestão de tesouraria e rendibilidade dos bancos em condições de incerteza

David Isiavwe

Gestão de tesouraria e rendibilidade dos bancos em condições de incerteza

ScienciaScripts

Imprint

Any brand names and product names mentioned in this book are subject to trademark, brand or patent protection and are trademarks or registered trademarks of their respective holders. The use of brand names, product names, common names, trade names, product descriptions etc. even without a particular marking in this work is in no way to be construed to mean that such names may be regarded as unrestricted in respect of trademark and brand protection legislation and could thus be used by anyone.

Cover image: www.ingimage.com

This book is a translation from the original published under ISBN 978-3-659-76790-6.

Publisher:
Sciencia Scripts
is a trademark of
Dodo Books Indian Ocean Ltd. and OmniScriptum S.R.L publishing group

120 High Road, East Finchley, London, N2 9ED, United Kingdom
Str. Armeneasca 28/1, office 1, Chisinau MD-2012, Republic of Moldova, Europe
Printed at: see last page
ISBN: 978-620-8-14952-9

ÍNDICE DE CONTEÚDOS:

DEDICAÇÃO

Este livro é dedicado com amor e um afeto insuperável à memória sempre verde e abençoada dos meus queridos pais, o falecido Chefe Samuel Eretchabor e a Sra. Otiti Victoria ISIAVWE, pelo seu amor e carinho e por nos terem educado no caminho do Senhor.

AGRADECIMENTOS

Dada a natureza rigorosa e complexa do trabalho envolvido na elaboração deste livro e o facto incontestável de que a sua conclusão bem sucedida é o resultado da vontade colectiva, do esforço e do apoio de um grande número de pessoas, considero bastante difícil identificar um ponto de partida adequado para os meus agradecimentos.

No entanto, gostaria de deixar registado o facto de a ideia inicial e a inspiração para escrever este livro terem vindo do meu pai, o falecido Chefe S. E. ISIAVWE, e da minha mãe, a falecida Sra. O. V. ISIAVWE. Estou grato a ambos por terem lançado a semente que floresceu para a redação deste livro. Gostaria também de agradecer o enorme apoio da minha querida esposa, a Dra. Afoke Isiavwe, por ter acreditado em mim mesmo perante desafios assustadores.

Além disso, gostaria de expressar os meus agradecimentos ao Prof. A. R. Anao, Prof. P.A. Donwa, Prof. A. E. Okoye, Prof. (Sra.) P. Isenmila, Prof. Famous Izedonmi e Dr. J O Anyaduba pelo seu apoio ao longo dos anos. Os meus sinceros agradecimentos vão também para a Sra. C.A. Ajayi, o Prof. O. A. Imoisili e o Prof. Eddy Omolehinwa pela sua tutela, tempo e paciência. Recordarei sempre a sua simplicidade e sinceridade de objectivos.

Bertram Okolo, ao Prof. K.A. Familoni, ao Dr. R. I. Adeghe e ao Prof. A. A. Ojo pelo seu encorajamento e aconselhamento inestimável ao longo dos anos, bem como aos meus assistentes pessoais, Sr. Sunday Sule e Ngozi Osuigwe, pelo seu apoio administrativo para garantir que este trabalho fosse aperfeiçoado como desejado. Por último, mas não menos importante, o meu sincero agradecimento aos meus numerosos irmãos e irmãs pelo seu amor, compreensão e apoio ao longo dos anos.

CAPÍTULO 1

INTRODUÇÃO

1.1   PREÂMBULO

O sector bancário na Nigéria está a tornar-se cada vez mais complexo e dinâmico. Isto deve-se à interação de um grande número de variáveis ambientais, como a regulamentação governamental, a concorrência crescente entre bancos, as taxas de juro, as necessidades de crédito e de levantamento dos clientes, etc., e à rápida mudança que estas variáveis sofrem de tempos a tempos. Como resultado, os bancos já não gozam do raro privilégio de se sentarem nas suas "poltronas" e recusarem depósitos de potenciais clientes. Este livro é o primeiro da série de publicações do Dr. Isiavwe sobre a Dinâmica da Banca na Nigéria. Baseia-se num estudo realizado sobre o sector bancário em 1991. Desde então, muitas mudanças ocorreram na Nigéria. No entanto, as condições fundamentais que envolvem a gestão de tesouraria e a rendibilidade dos bancos parecem não ter sido afectadas e permaneceram constantes. Com efeito, a adoção do Programa de Ajustamento Estrutural (PAE) em 1986 pelo Governo Federal da Nigéria alterou o ambiente do sector financeiro nigeriano. Com o PAE, o país transitou de uma economia controlada pelo Estado para uma economia caracterizada pela propriedade privada do capital nos lugares de comando da economia e pela evolução de um sistema de livre iniciativa. É também de salientar a responsabilidade que recaiu sobre os bancos nigerianos no domínio da determinação das taxas de juro e de câmbio. O Banco Central da Nigéria (CBN), por seu lado, continuou a agravar o problema dos bancos através do seu exercício de limpeza da liquidez e da emissão periódica de orientações sobre dotações sectoriais e outros instrumentos de regulação monetária. A implicação de tudo isto foi que os bancos foram obrigados a empenhar-se numa procura agressiva de fundos para garantir a sua sobrevivência.

Além disso, dado o perfil de fundos dos bancos, que se está a tornar ainda mais volátil, e o facto de os bancos terem de continuar a sustentar a confiança dos seus depositantes, mantendo uma boa medida de liquidez, por um lado, e a dos seus acionistas, assegurando a máxima rendibilidade, por outro, a necessidade de os bancos gerirem eficazmente os seus recursos de tesouraria é ainda maior, especialmente quando se considera que estes dois objectivos são diametralmente opostos e que a realização de um só pode ser concretizada ao máximo sacrificando o outro, e vice-versa.

Este estudo pretende, portanto, investigar, em termos gerais, a forma como os bancos geram fundos, a distribuição dos fundos assim gerados entre investimentos altamente líquidos e ilíquidos, e o impacto resultante na rendibilidade dos bancos num ambiente caracterizado por um elevado nível de incerteza.

1.2   DEFINIÇÃO DO PROBLEMA

As empresas falham geralmente devido à falta de fluxo de caixa e de recursos de tesouraria. Embora possa haver muitas razões para chegar a este ponto, a vida de uma empresa termina quando o seu fluxo de caixa cessa e as suas fontes de dinheiro desaparecem (Lee 1983. P. 13).

O dinheiro é o sangue vital de qualquer empresa. No sector bancário, o numerário é o principal ativo do negócio. A rendibilidade e a sobrevivência de qualquer banco dependem, em grande medida, da forma como este recurso tão importante é gerido. Na Nigéria, durante o período que antecedeu a introdução do Programa de Ajustamento Estrutural, verificou-se um fenómeno generalizado de "bancarização" entre os bancos nigerianos.

CAPÍTULO 2
REVISÃO DA LITERATURA E HIPÓTESES

2.1 ENQUADRAMENTO TEÓRICO DA GESTÃO DE TESOURARIA

A gestão de tesouraria é o controlo do fluxo de tesouraria de uma empresa, cujo objetivo é assegurar que a empresa detenha o montante certo de tesouraria em qualquer momento. A sobrevivência de qualquer empresa depende das estratégias de gestão de tesouraria que implementa. Isto deve-se ao facto de todas as organizações empresariais terem de se manter líquidas para poderem funcionar no dia a dia. Assim, dada a importância estratégica da tesouraria para as organizações empresariais e a prioridade que tem nas decisões de gestão, todas as empresas devem fazer esforços conscientes para utilizar ao máximo qualquer tesouraria disponível. Anreder (1977: 51).

Para efeitos de clareza, este capítulo está dividido em duas partes principais: Gestão geral de tesouraria e Gestão de tesouraria no sector bancário.

2.2 GESTÃO GERAL DE TESOURARIA

2.2.1 A NATUREZA DA GESTÃO DE TESOURARIA

A caixa é o mais líquido dos activos correntes de qualquer empresa. Dado o seu carácter altamente fluido, está sujeita a alterações mais frequentes do que qualquer outro ativo e, por conseguinte, coloca maiores problemas de controlo. O executivo encarregado de gerir os recursos de tesouraria de uma empresa tem, de facto, uma dupla função. Deve tentar melhorar a rotação da tesouraria da empresa e é também responsável por investir os fundos excedentários disponíveis (Andreder, 1977).

Basicamente, a função de gestão de tesouraria envolve os mecanismos de manuseamento do dinheiro da empresa, desde o momento em que aparece como um cheque ou recibo de caixa, até ao momento em que sai para o pagamento de uma despesa. Sheridan (1962) argumenta que um aspeto crucial da gestão de tesouraria envolve a gestão da carteira de títulos de curto prazo da empresa e inclui a previsão necessária para manter uma posição de tesouraria adequada. Assim, a gestão da posição de fundos de uma empresa exige uma abordagem de antecipação. Isto exige que as decisões tomadas se baseiem em projecções empresariais de posições de tesouraria e de flutuações das taxas de juro. Na opinião de Gianotti et al (1981), a gestão de tesouraria tem dois objectivos básicos: satisfazer as necessidades de capital de exploração ao menor custo global e investir os fundos excedentários para maximizar o rendimento.

A dimensão do saldo de tesouraria e a detenção de títulos negociáveis pela empresa são essencialmente determinadas pelo responsável financeiro da empresa, tendo em devida conta as metas e objectivos gerais da organização e as políticas de gestão. Lusztig e Swab (1977) argumentaram que as decisões tomadas a este respeito são críticas para a empresa, na medida em que as insolvências e falências resultam frequentemente de uma gestão de tesouraria inadequada. De facto, não há dúvida

5

de que uma empresa que é bastante lucrativa pode ir à falência e outra empresa que está numa posição deficitária pode continuar a operar por um período mais longo, dependendo das suas estratégias de gestão de tesouraria. De facto, existe sempre uma relação de compromisso entre risco e rendibilidade. Uma política de tesouraria agressiva aumenta o risco de insolvência, enquanto uma política mais conservadora pode diminuir a rendibilidade da empresa.

2.2.2 MOTIVOS PARA DETER NUMERÁRIO

Uma breve análise dos motivos para deter numerário fornece um quadro concetual para a análise da gestão de tesouraria. A este respeito, são geralmente aduzidas três razões principais, a saber

(a)   O motivo das transacções

Na condução das suas operações quotidianas, as empresas precisam de deter numerário. O motivo transacional da detenção de numerário significa que este é detido como meio de "lubrificar" as transacções, satisfazer os requisitos operacionais e efetuar pagamentos periódicos (Lusztig e Swab, 1977). Este motivo para deter numerário é crucial, uma vez que a capacidade da empresa para cumprir as suas obrigações quotidianas garante a sua sobrevivência e continuidade, mesmo perante a maior incerteza ou concorrência.

[thth]Familoni (1989: 26 - 33) argumentou que, nos séculos XVIII e XIX, este motivo foi reconhecido como o principal motivo para a detenção de numerário pelos economistas clássicos, que defendiam que o numerário (dinheiro) é detido apenas para aumentar as transacções. Durante esse período, nenhum outro motivo foi reconhecido.

(b)   O motivo especulativo

O motivo especulativo para deter dinheiro foi reconhecido pela primeira vez por Keynes (1939) quando publicou a sua "Teoria Geral do Emprego".

O autor argumentou que as empresas também precisam de deter numerário por razões especulativas. Neste contexto, a liquidez é detida para tirar partido de oportunidades de investimento invulgarmente lucrativas que possam surgir subitamente. A incapacidade das empresas para tirar partido dessas oportunidades lucrativas, quando estas surgem, pode reduzir a sua capacidade de gerar lucros. Uma vez que a teoria de Keynes foi geralmente incorporada na formulação da política macroeconómica devido aos acontecimentos sócio-históricos peculiares do seu tempo, este motivo para a detenção de numerário também se tornou amplamente reconhecido como uma das razões cruciais pelas quais as empresas detêm numerário (Familoni, 1989).

(c)   O motivo da precaução.

O motivo de precaução para a detenção de numerário envolve basicamente a necessidade de deter numerário para efetuar pagamentos ocasionais que são normalmente imprevistos mas obrigatórios.

Esta necessidade foi também reconhecida pela primeira vez por Keynes (1939).

De facto, o autor juntou os motivos especulativo e de precaução num só e referiu-se a ambos simplesmente como o "motivo especulativo". Com o tempo, porém, o carácter único do motivo de precaução tornou-se amplamente reconhecido e, por conseguinte, é agora apresentado separadamente como uma razão claramente distinta para a detenção de numerário.

2.2.3 ORÇAMENTO DE CAIXA

Um orçamento de tesouraria é simplesmente uma tentativa de prever os fluxos de caixa que entram e saem de uma empresa durante um determinado período de tempo. Basicamente, o orçamento de tesouraria prevê as entradas e saídas efectivas de dinheiro, incluindo o seu impacto cumulativo nos saldos de tesouraria. O orçamento pode abranger vários anos e pode ser repartido numa base mensal, semanal ou diária, consoante as caraterísticas de funcionamento da empresa e a utilização prevista do orçamento.

No entanto, é instrutivo notar que intervalos mais curtos são geralmente necessários quando os fluxos de caixa são distribuídos de forma desigual. De acordo com Sheridan (1962), na última década registaram-se enormes melhorias na área da previsão de tesouraria a curto prazo. Estas melhorias nas técnicas de orçamentação de tesouraria surgem como resultado de:

(a)   Uma necessidade crescente de fazer com que uma quantidade menor de dinheiro faça uma quantidade maior de trabalho.

(b)   O desejo de obter os melhores resultados da carteira de curto prazo; e

(c)   A necessidade de simplificar as operações de tesouraria.

O orçamento de tesouraria também permite planear o financiamento externo, de modo a que a magnitude, o momento e a duração de qualquer escassez de tesouraria esperada sejam evidentes. Um orçamento de tesouraria é frequentemente exigido pelos bancos e pode fazer parte de um pedido de empréstimo.

Os bancos também necessitam de orçamentos de tesouraria como instrumento de planeamento interno para a execução eficaz das suas próprias operações. Além disso, um orçamento de tesouraria é crucial quando as empresas planeiam as suas próprias operações. Um orçamento de tesouraria é crucial quando as empresas planeiam os seus calendários de reembolso da dívida e formulam políticas relativas ao pagamento de dividendos, uma vez que indica o nível de dividendos que pode ser prontamente sustentado. É instrutivo notar que os pagamentos de dividendos são muitas vezes substanciais e o seu efeito no saldo de tesouraria deve ser sempre reconhecido.

Por último, o orçamento de tesouraria facilita a aplicação dos fundos, minimizando assim o custo de oportunidade ocasionado pelos saldos de tesouraria não utilizados. Facilita igualmente as decisões relativas à repartição das disponibilidades entre caixa simples e títulos negociáveis.

2.2.4   INVESTIMENTO DE FUNDOS A CURTO PRAZO

As empresas consideram normalmente a possibilidade de aplicar os saldos de tesouraria excedentários, investindo em títulos que oferecem algum rendimento. Este é, sem dúvida, um curso de ação mais preferível em comparação com uma situação em que o excesso de dinheiro é mantido nas caixas da organização sem obter qualquer retorno. De facto, foi reconhecido que "os títulos de curto prazo são outra parte do inventário do tesoureiro" (Sheridan, 1962:55). Infelizmente, a maior parte das empresas que operam na Nigéria, especialmente as dos sectores internos da economia, onde quase não há oportunidade de aceder às facilidades oferecidas pelo mercado monetário, continuam a guardar muito dinheiro. Este facto diminui a sua capacidade de obtenção de lucros, para além de inibir o crescimento e o desenvolvimento da economia de um ponto de vista macroeconómico. É pertinente afirmar, neste momento, que o risco associado aos investimentos a curto prazo é limitado, uma vez que estes investimentos permitem uma conversão rápida em dinheiro a um preço de mercado justo, em caso de necessidade. Além disso, certos factores cruciais devem ser tomados em consideração antes de decidir se se deve ou não investir o excesso de liquidez em títulos negociáveis. Sheridan (1962), por exemplo, considera que a seleção de títulos para a parte temporária da carteira de liquidez das empresas deve ser orientada por considerações de segurança, negociabilidade e rendimento, por esta ordem de importância. Lusztig et al (1977), no entanto, enumeram os factores a ter em conta da seguinte forma:

a)	Custo da transação: Os montantes a investir e/ou o período durante o qual os fundos estão disponíveis para serem investidos devem ser suficientemente elevados para cobrir o custo da transação e para justificar o tempo de gestão necessário para organizar e supervisionar esses investimentos.

b)	Risco: O carácter arriscado dos títulos negociáveis deve também ser tomado em consideração antes de os fundos serem afectados aos mesmos. Deve ser dada especial atenção à relação típica entre o risco e o rendimento esperado. No entanto, os riscos habituais a ter em conta incluem o risco de incumprimento, o risco de taxa de juro e o risco de não poder converter o título em numerário a um preço de mercado justo, caso seja necessário antes do vencimento.

c)	Disponibilidade de tesouraria: Na opinião de Lusztig et al (1977), o montante dos títulos de investimento detidos num dado momento dependerá da dimensão dos fundos inactivos à disposição da empresa. Deve, no entanto, ser encontrado um equilíbrio confortável entre a detenção de numerário e de títulos negociáveis.

Nas pequenas empresas, o investimento de excedentes temporários de tesouraria tem um interesse limitado, porque os saldos típicos são normalmente de tal ordem que o custo de oportunidade da atenção necessária à gestão e os custos reais de transação da compra e venda de títulos excederiam provavelmente os rendimentos a realizar. Consequentemente, uma pequena empresa pode ter uma conta de poupança ou uma conta semelhante que permita obter alguns rendimentos modestos sobre os saldos excedentários, mas é pouco provável que esteja envolvida na gestão de uma carteira de instrumentos do mercado monetário. Por outro lado, as acumulações periódicas de tesouraria nas grandes empresas podem merecer atenção, mesmo que só estejam disponíveis durante alguns dias, uma vez que os rendimentos daí resultantes podem ser substanciais.

2.3 GESTÃO DE TESOURARIA NO SECTOR BANCÁRIO

A gestão do numerário é mais profunda no sector bancário, uma vez que o numerário constitui o "sangue vital" dos bancos e é a sua principal atividade. Além disso, a estrutura do sector bancário, juntamente com o quadro da legislação internacional e nacional em que o sector se desenvolve, muda continuamente (Handscombe, 1967:23).

Assim, os bancos têm de ajustar as suas operações à dinâmica do sistema económico para poderem manter-se em atividade. Este facto é particularmente pertinente para os bancos comerciais, uma vez que mobilizam fundos e concedem financiamentos a prazos relativamente mais longos e em montantes mais elevados do que os bancos comerciais (Ojo e Adewunmi, 1982: 73). Assim, por uma questão de necessidade prática, Prideaux (1972: 2) argumenta que os bancos devem exercer um elevado grau de seletividade nos tipos de transacções que estão preparados para financiar.

Além disso, uma dificuldade específica que os bancos têm de enfrentar é o problema da inflação, uma vez que o dinheiro emprestado só pode ser recuperado numa moeda desvalorizada em períodos de inflação. Na opinião de Dyer (1976-169), "este facto não constitui um grande incentivo para qualquer mutuante". Além disso, a função de gestão de tesouraria é complicada, entre outros factores, pela regulamentação rigorosa emitida periodicamente pelo Banco Central da Nigéria, pela concorrência entre bancos e entre bancos e instituições financeiras não bancárias.

2.3.1 PRINCIPAIS FONTES DE FUNDOS BANCÁRIOS

De acordo com Nkwankwo (1988:55), os bancos comerciais na Nigéria, tal como os seus homólogos noutras partes do mundo, obtêm fundos de duas fontes principais: dos seus proprietários, ou seja, capital social e reservas, e dos depositantes, através de depósitos à ordem, poupanças e depósitos a prazo. Os bancos comerciais, por outro lado, são diferentes na sua origem de fundos. Embora obtenham o seu capital junto dos seus proprietários, uma parte substancial dos seus fundos é obtida junto de bancos e de empresas públicas e privadas. Esta situação está em conformidade com a natureza e a função dos bancos comerciais, que são basicamente bancos grossistas, aceitando depósitos em grandes blocos com um mínimo de N50 000, ao passo que os bancos comerciais são bancos de retalho que mobilizam pequenas e grandes poupanças de um vasto público para satisfazer as necessidades de uma grande variedade de clientes pequenos e grandes.

O papel tradicional dos bancos consiste em servir de intermediário entre as unidades financeiras excedentárias (SFU) e as unidades financeiras deficitárias (DFU) da economia. No desempenho deste papel histórico, espera-se que os bancos obtenham lucros no processo, a fim de justificar a sua existência. Na atual situação económica, os bancos comerciais desempenham as seguintes funções

a)   A manutenção das contas dos salários e dos fundos de maneio;

b)   Fornecimento de informações sobre crédito e cobranças;

c)   Educação financeira dos trabalhadores;

d)   Relações públicas financeiras para (entre outras coisas) aumentar o seu prestígio e reputação na economia;

e)   Recuperação de empresas e serviços de consultoria empresarial, etc. (Mallatrat, 1962: 61-66). Os bancos comerciais, por outro lado, centram as suas operações em todos ou na maior parte dos seguintes domínios:

(i)   Assessoria financeira a empresas em matérias tão diversas como novas emissões de acções e obrigações; reconstituições de capital, fusões e aquisições.

(ii)   Operações do mercado monetário e sindicação de empréstimos;

(iii)   Crédito de aceitação e todas as formas de financiamento das exportações;

(iv)   A detenção e negociação de investimentos cotados e não cotados, e

(v)   Gestão de fundos por conta de clientes, geralmente fundos de pensões, fundos de investimento, fundos de investimento e indivíduos ricos (Chizea, 1984).

Assim, tanto os bancos comerciais como os bancos comerciais têm de planear cuidadosamente as suas actividades para poderem sobreviver. Ao fazê-lo, devem ter em devida conta a dupla obrigação que devem simultaneamente aos seus acionistas e depositantes. É instrutivo notar que a estrutura dos depósitos bancários tem implicações para a gestão de recursos, uma vez que indica a estabilidade ou volatilidade dos fundos bancários e a matriz dos fundos bancários, uma vez que os depósitos de poupança e a prazo vencem juros, enquanto as contas correntes são normalmente isentas de juros (Nwankwo, 1988).

2.2.2CLASSIFICAÇÃO   DOS ACTIVOS BANCÁRIOS

Em termos genéricos, os activos bancários podem ser classificados de acordo com duas grandes ramificações: activos líquidos e activos "duros" ou ilíquidos. Os activos duros compreendem todos os activos que não podem ser facilmente convertidos em dinheiro. São constituídos principalmente por investimentos e empréstimos e adiantamentos (Chizea, 1984). Dado o atual estado de desenvolvimento do sistema financeiro nigeriano, que se caracteriza por uma escassez de saídas de investimento rentáveis para os fundos excedentários, os bancos tendem a deter mais certificados do tesouro do Estado e acções de desenvolvimento do que qualquer outra categoria de activos duros.

Os activos líquidos, por outro lado, são representados pelo dinheiro ou pelos activos que podem ser facilmente convertidos em dinheiro sempre que necessário. Consistem em instrumentos de curto prazo que são normalmente transaccionados no mercado monetário e incluem o seguinte

a)   Bilhetes do Tesouro:

São emitidos pelo Governo Federal da Nigéria para angariar fundos junto do público, a fim de prosseguir as suas actividades até que as suas receitas próprias sejam cobradas. Os Bilhetes do Tesouro têm um prazo de vencimento de cerca de noventa dias e, em geral, suscitam um elevado nível de confiança, uma vez que o risco de incumprimento é muito baixo. De facto, os títulos do Tesouro são considerados isentos de risco, uma vez que o seu rendimento é geralmente considerado como a taxa de base.

b)   Dinheiro à disposição:

Os créditos à vista e a curto prazo consistem essencialmente em empréstimos reembolsáveis nominalmente à vista. Estes empréstimos são feitos principalmente às casas de desconto com a garantia de Bilhetes do Tesouro, Papéis Comerciais de boa qualidade ou obrigações do Estado de curto prazo. (Rose, 1966:364).

O significado especial da moeda à ordem e dos Bilhetes do Tesouro, que em conjunto são por vezes descritos como os activos do mercado monetário dos banqueiros, é duplo: em primeiro lugar, constituem o canal habitual de contacto entre os bancos comerciais e o Banco Central. Em segundo lugar, têm um grau de liquidez muito elevado, o que as torna particularmente atractivas para os investidores institucionais. Rose (1966).

c)   Aceitações bancárias:

Trata-se de letras de câmbio, geralmente em múltiplos de N50.000, emitidas por empresas sobre bancos, com o objetivo de que os bancos se comprometam a pagar aos detentores dessas letras o montante indicado no vencimento. Os Bankers' Acceptances são semelhantes a cheques pré-datados e são normalmente emitidos por períodos que variam entre dois e doze meses. São altamente credíveis e, por conseguinte, comercializáveis e podem ser descontados com relativa facilidade. Como fonte de financiamento a curto prazo, os aceites bancários são vitais para as operações das empresas comerciais e de produção na Nigéria e são frequentemente utilizados pelos importadores de produtos acabados e de matérias-primas para refinanciar as suas obrigações de comércio externo.

De facto, um importador pode sempre acordar com o seu banco a compra das suas necessidades de divisas por um período até seis meses ou mais, através da utilização de um Bankers' Acceptance. Na opinião de Anreder (1977), o banco substitui geralmente o seu crédito pelo do importador.

d)   Certificados do Tesouro:

Os Certificados do Tesouro são instrumentos do mercado monetário, normalmente passíveis de desconto, e são emitidos pelo Banco Central em nome do Governo Federal. O período de maturidade dos Certificados do Tesouro é normalmente de doze meses. Estes instrumentos constituem uma verdadeira fonte de investimento para os bancos comerciais e mercantis, uma vez que apresentam um risco reduzido e um rendimento modesto no vencimento. Na Nigéria, os Certificados do Tesouro foram emitidos pela primeira vez em 1968 (Ojo e Adewumi, 1982).

e) Papéis comerciais:

Trata-se de instrumentos do mercado monetário emitidos por grandes empresas de renome, geralmente sem o apoio de um banco e utilizados para obter fundos a curto prazo. Têm um prazo de vencimento de cerca de noventa dias e também podem ser descontados. Os Commercial Papers são emitidos diretamente por uma empresa e não têm o aval de um banco. Por este motivo, a sua aceitação e utilização são de certo modo limitadas e só podem ser utilizadas por empresas de boa reputação.

f) Certificados de depósito:

Os certificados de depósito foram introduzidos no mercado monetário nigeriano em 1975. Representam obrigações diretas dos bancos para com os investidores que neles depositam dinheiro. Os bancos aceitam os depósitos dos clientes e, por sua vez, emitem-lhes um certificado.

Os certificados de depósito podem ser negociáveis ou não negociáveis. Os certificados de depósito negociáveis são geralmente preferíveis, uma vez que existe um mercado secundário onde podem ser vendidos antes do seu vencimento. No entanto, ao contrário dos títulos comerciais, cuja recompra pode ser negociada com o vendedor, os certificados de depósito não podem ser recomprados pelo banco.

g) Cartas de crédito:

Uma carta de crédito é quase semelhante a um Bankers' Acceptance. Trata-se de um instrumento do mercado monetário normalmente emitido por um banco que atesta a solvabilidade de um cliente. Normalmente, surge no decurso de uma transação comercial e envolve períodos mais longos do que o Bankers' Acceptance.

É pertinente afirmar aqui que esta lista de instrumentos do mercado monetário não é de modo algum exaustiva. No entanto, mostra os principais tipos de activos líquidos que são normalmente detidos pelos bancos na Nigéria. Durante os períodos de contração do crédito, caracterizados por pressões crescentes sobre os recursos de tesouraria dos bancos, estes recorrem normalmente a estes activos e alienam-nos a fim de obterem o dinheiro tão necessário. Além disso, quando existe uma grande incerteza no sector bancário, especialmente em relação ao impacto das políticas monetárias nas taxas de juro do mercado interbancário, muitos bancos recorrem normalmente a transacções de compra de moeda. Isto é particularmente verdade quando se prevê uma descida das taxas de juro.

2.3 CONTROLOS EXERCIDOS PELO BANCO CENTRAL DA NIGÉRIA (CBN) Na Nigéria, as actividades do Banco Central da Nigéria são atualmente regidas pelas disposições do recém-promulgado Decreto n.º 24, também conhecido como o Decreto do Banco Central da Nigéria de 1991. A Secção 2 do Decreto estabelece os objectivos do CBN da seguinte forma:

"Os principais objectivos do Banco são os seguintes

a)   Emitir moeda com curso legal na Nigéria;

b)   Manter reservas externas para salvaguardar o valor internacional da moeda com curso legal;

c)   Promover a estabilidade monetária e um sistema financeiro sólido na Nigéria; e

d)   Atuar como banqueiro e consultor financeiro do Governo Federal.

É interessante notar que a CBN foi inicialmente criada pela Lei do Banco Central da Nigéria (1958), que foi revogada por este decreto. Embora as suas responsabilidades tenham sido definidas estatutariamente como acima referido, Ojo e Adewunmi (1982), no entanto, argumentam que o CBN redefiniu os seus papéis, puramente para fins práticos, como o desempenho das seguintes funções:

i)   Assegurar a estabilidade relativa dos preços no mercado interno;

ii)   Manter o equilíbrio na posição de pagamentos internacionais do país, e

iii)   Ajudar a promover um ritmo de desenvolvimento económico rápido e sustentável.

Desde a sua criação, a CBN tem exercido uma influência significativa sobre todo o sistema financeiro. Está habilitada por lei a regular as actividades dos principais actores do sector financeiro nigeriano, ou seja, as instituições financeiras bancárias e não bancárias, a fim de racionalizar o comportamento das variáveis macroeconómicas cruciais do sistema.

Convencionalmente, os instrumentos de controlo à disposição da CBN podem ser classificados em controlos quantitativos e controlos selectivos (Nwankwo, 1988)

No entanto, para efeitos de análise, estes instrumentos de controlo podem ser reclassificados em quatro grupos principais, como se segue:

2.3.1   INSTRUMENTOS QUANTITATIVOS DE CONTROLO

Os instrumentos quantitativos de controlo englobam todas as técnicas de controlo utilizadas pela CBN que actuam fundamentalmente sobre a quantidade ou a disponibilidade de moeda e de crédito. Incluem as operações de mercado aberto, os títulos de estabilização, os depósitos especiais e os rácios variáveis de reservas e de liquidez, etc. A secção 27 do decreto, por exemplo, diz (na subsecção 3) que o banco terá poderes...

a)   Para realizar operações de mercado aberto com o objetivo de manter a estabilidade monetária na economia do país, e sem prejuízo do carácter geral do que precede, o banco pode também recomprar, amortizar ou reembolsar títulos (que constituirão as suas obrigações)..;

b)   Emitir outros tipos de títulos que considere necessários para operações de mercado aberto. A subsecção 4 confere ainda à CBN poderes para:

ii) Vender ou colocar, por atribuição a cada banco, títulos de estabilização emitidos nos termos da subsecção (3) da presente secção;

iii) Recomprar, amortizar ou resgatar, da forma que o banco considerar adequada, quaisquer desses títulos de estabilização, e quaisquer títulos de estabilização recomprados pelo banco serão extintos e não constituirão activos do banco.

A Secção 39, por outro lado, contém disposições relativas ao poder de emitir diretivas sobre reservas de caixa. Na subsecção (1), afirma-se que "o Banco Central da Nigéria pode, periodicamente, emitir diretivas por circular exigindo que cada banco....

iv) Manter permanentemente sob a forma de reservas de caixa... um montante igual a um rácio estabelecido das responsabilidades de depósito do banco;

v) i) Deter um montante mínimo de activos líquidos específicos, que serão expressos como um rácio das responsabilidades por depósitos do banco;

vi) Manter como depósitos especiais no banco, na sua sede, uma percentagem das responsabilidades de depósito do banco ou uma percentagem de um aumento ou do aumento absoluto dessas responsabilidades de depósito em relação a um montante em dívida numa data e por um período a especificar pelo Banco Central da Nigéria".

Os poderes do CBN são ainda ampliados na subsecção (2) desta secção, que estabelece o seguinte: Para os fins do parágrafo (1) ... o Banco deve especificar:

a)   A classe de responsabilidades por depósitos contra a qual são detidas as reservas de caixa mencionadas nesse parágrafo;

b)   O rácio de reservas de tesouraria que um banco deve manter e os bancos podem ser classificados nas categorias que a CBN pode periodicamente especificar na circular dirigida a cada banco". Além disso, a CBN pode especificar diferentes rácios de reservas de caixa para as várias categorias de bancos.

Neste momento, talvez seja necessário fazer uma breve distinção entre os títulos de estabilização e outros instrumentos quantitativos. O primeiro ponto importante a salientar é que os títulos de estabilização funcionam através de uma ação direta, ou seja, não precisam de passar pelo mercado aberto. Além disso, os principais actores do sistema financeiro são obrigados a comprar os títulos de estabilização sempre que estes são emitidos, uma vez que, se não o fizerem, o CBN imporá sanções a essas instituições financeiras. Além disso, e ao contrário das operações de mercado aberto, em que os preços são determinados pelas forças de mercado da procura e da oferta, o CBN determina o preço dos títulos de estabilização que, em rigor, são dívidas do CBN e não títulos do Estado.

2.3.2   FERRAMENTAS DE CONTROLO DE CUSTOS/PREÇOS

Enquanto os instrumentos quantitativos (tal como expostos na secção 2.3.1) operam principalmente sobre a disponibilidade de moeda ou de crédito, os instrumentos de controlo dos custos incluem todas as técnicas através das quais a CBN pode influenciar o preço e, por conseguinte, a velocidade do fluxo de dinheiro, manipulando a taxa de juro. Dependendo do estado da economia, a CBN pode aumentar ou diminuir as taxas de juro de acordo com os objectivos políticos desejados pelo governo, quer para estimular a atividade económica em caso de depressão, quer para reduzir a atividade económica em períodos de inflação. Assim, as taxas de juro constituem um verdadeiro meio através do qual a CBN pode afinar as operações das principais acções financeiras no âmbito do sistema económico nigeriano.

Os poderes da CBN para exercer estes controlos estão contidos no artigo 30.º do Decreto n.º 24 (1991), que estabelece que "o Banco tornará pública, em qualquer momento, a sua taxa mínima de redesconto". Na opinião de Nwankwo (1988), esta taxa mínima de redesconto pode ser vista como a taxa mínima irredutível à qual o CBN, no seu papel de prestamista de última instância, presta ou oferece assistência financeira ao sistema.

É sabido que este instrumento de controlo, muito diferente das técnicas quantitativas, tem sido plenamente utilizado ao longo dos anos pelo Banco Central da Nigéria.

2.3.3   . FERRAMENTAS DIRECCIONAIS DE CONTROLO

Enquanto os instrumentos quantitativos e de controlo de custos actuam principalmente sobre a disponibilidade de crédito e a taxa de juro, respetivamente, os instrumentos direcionais, por outro lado, actuam sobre o crédito disponível direcional. Consistem basicamente nas orientações periódicas emitidas periodicamente pela CBN aos bancos no que respeita à afetação setorial dos empréstimos e adiantamentos. Mais uma vez, o Decreto n.o 24 (1991) confere plenos poderes à CBN para exercer este controlo. Diz na secção. 28 (1) (b) que "Para além dos poderes que lhe são conferidos pelo presente decreto, o Banco pode... emitir orientações destinadas a qualquer pessoa ou instituição que se dedique à prestação de serviços financeiros, incluindo as operações de agências de câmbio, bancos de desenvolvimento, bancos comunitários, casas de desconto e companhias de seguros.

2.3.4   SUASÃO MORAL

Este é geralmente considerado o quarto instrumento de controlo à disposição da CBN. Desde tempos imemoriais, a CBN tem tido de recorrer à persuasão moral para fazer com que os bancos cumpram as suas diretivas. Por vezes, este recurso é mais eficaz do que a simples ameaça de aplicação de sanções. Este instrumento de controlo, a persuasão moral, é geralmente considerado como tridimensional, uma vez que pode ser aplicado para aumentar a eficácia dos instrumentos quantitativos, de custos e direcionais.

A persuasão moral assume a forma de um apelo geral da CBN à sensibilidade dos principais operadores do sistema, a fim de os levar a cooperar para a plena realização dos seus objectivos políticos. A secção 38 da lei confere este poder à CBN e estabelece o seguinte

"O Banco deve, sempre que necessário, procurar e cooperar com outros bancos na Nigéria....

a)   Promover e manter um serviço financeiro adequado e razoável para o público.

b)   Assegurar normas elevadas de conduta e de gestão em todo o sector bancário
        sistemas;

c)   Promover políticas que não sejam incompatíveis com o presente decreto e que, na opinião do
        Banco, sejam do interesse nacional".

2.4 AMBIENTE GERAL EM QUE OS BANCOS OPERAM

De acordo com Handscombe et al (1976), o sector bancário é geralmente considerado como um sector em crescimento. Assim, o seu êxito é crucial para o crescimento e o desenvolvimento das nações desenvolvidas e em desenvolvimento do mundo. O ambiente geral em que os bancos operam na Nigéria está a tornar-se cada vez mais complexo e dinâmico e, juntamente com os controlos rigorosos da CBN, a concorrência crescente entre os bancos e os desenvolvimentos na cena internacional, já não é suficiente que os bancos se adaptem meramente à mudança. Têm de antecipar e preparar-se para elas se quiserem sobreviver (Prideaux,1972).

2.4.1   ENQUADRAMENTO JURÍDICO DOS BANCOS

A atividade bancária na Nigéria é atualmente regulamentada pelo Decreto n.º 25, também conhecido como Decreto relativo aos bancos e outras instituições financeiras, de 1991, em conjugação com as disposições gerais do Decreto relativo às empresas e matérias conexas de 1990. No entanto, o Decreto n.º 25 estabelece um quadro jurídico alargado no âmbito do qual são realizadas as operações dos bancos (tanto comerciais como mercantis). Algumas das disposições deste decreto têm implicações diretas na gestão dos recursos de tesouraria dos bancos. Consequentemente, a rentabilidade e, por conseguinte, a sobrevivência destes bancos são afectadas de uma forma ou de outra.

A Secção 13 (1) do Decreto, por exemplo, afirma que "Os bancos devem manter permanentemente fundos de capital não prejudicados por perdas, na proporção de todos ou quaisquer activos ou de todos ou quaisquer passivos do banco e de todos os seus escritórios fora da Nigéria, conforme especificado pelo Banco Central da Nigéria". A Secção 15 (1), por outro lado, afirma que "Todos os bancos devem manter junto do CBN reservas de caixa e depósitos especiais e deter activos líquidos especificados ou títulos de estabilização, conforme o caso, num montante não inferior ao que pode ser periodicamente prescrito pelo Banco...".

A filosofia consagrada nas disposições precedentes demonstra uma clara preocupação das autoridades com o estado geral de bem-estar do sistema financeiro. É óbvio que, quando os bancos são obrigados a manter "fundos de capital" ou "reservas de tesouraria" e "depósitos especiais", etc., a sua capacidade de gerar lucros será reduzida, uma vez que os rendimentos desses fundos são bastante mínimos. De qualquer forma, estes requisitos contribuem para manter os bancos numa base sólida, uma vez que aumentam a confiança do público bancário nas operações dos bancos - um ingrediente crucial para a continuidade dos bancos e, por conseguinte, para a estabilidade de todo o sistema financeiro.

Wood (1975:6) argumentou que alguns bancos, devido a vários tipos de pressões, parecem querer sempre subordinar os princípios de uma atividade bancária sólida e responsável aos princípios da maximização dos lucros. No entanto, o Decreto (1991) parece resolver este problema, uma vez que contém disposições relativas às sanções que podem ser aplicadas aos bancos que cometem erros. A secção 14 (1), por exemplo, estabelece que "o não cumprimento do disposto na secção 13 do presente decreto pode constituir motivo para a revogação da licença do banco ao abrigo do presente decreto". Note-se, no entanto, que a adequação ou não desta sanção como punição pelo não cumprimento da secção 13 está fora do âmbito deste trabalho. Por conseguinte, é ignorada. Para além das disposições das secções 13 e 15, a secção 16 do Decreto n.o 25 (1991) contém igualmente disposições relativas à manutenção de fundos de reserva pelos bancos a partir dos seus lucros antes do pagamento de dividendos. Estas disposições tendem a desencorajar a saída de numerário dos bancos. O resultado é que os bancos dispõem de mais fundos para investimento, o que tem implicações positivas para a sua rendibilidade e estabilidade.

Estas disposições são complementadas pela secção 17 que diz que "Nenhum banco pagará dividendos sobre as suas acções até --

a)   Todas as suas despesas preliminares, despesas de organização, comissões de venda de acções, corretagem, montante das perdas incorridas e outras despesas capitalizadas não representadas por activos tangíveis foram completamente anuladas;

b)   Foram constituídas provisões adequadas, a contento do Banco Central da Nigéria, para perdas efectivas e contingentes em activos e passivos de risco, compromissos extrapatrimoniais e rendimentos não auferidos deles derivados;

c)   Cumpriu todos os requisitos em matéria de rácio de capital especificados pelo Banco nos termos da secção 13 (1) do presente decreto".

Como já foi referido, a única consequência desejável destas disposições é o aumento da disponibilidade de fundos para os bancos, que podem ser aplicados em actividades mais rentáveis.

O decreto contém igualmente disposições que regulam as actividades gerais dos bancos. A secção 20, por exemplo, prevê determinadas condições em que não podem ser concedidos empréstimos, adiantamentos, garantias, etc. A secção 21, por outro lado, centra-se na aquisição de acções em pequenas e médias indústrias, empresas agrícolas e sociedades de capital de risco. Na sua subsecção (1) (d), estabelece que o valor agregado da participação do banco no capital de todas as empresas não deve exceder, no caso de um banco comercial, vinte por cento dos seus fundos de acionistas ou, no caso de um banco comercial, não mais de cinquenta por cento dos seus fundos de acionistas.

A secção 22 retira especificamente os bancos comerciais da categoria geral de bancos autorizados a fornecer serviços de cheques aos seus clientes. Esta secção estabelece que "Um banco comercial não pode -

a)   Aceitar qualquer depósito levantável por cheque;

b)   Aceitar qualquer depósito abaixo de um montante que será prescrito periodicamente pela CBN; (o montante é atualmente de N500.000);

c)   Manter por mais de seis meses qualquer participação adquirida numa empresa durante a gestão de uma emissão de acções..." É interessante notar que, pela primeira vez na Nigéria, as operações de todas as instituições financeiras não bancárias foram colocadas sob o controlo direto do Banco Central da Nigéria. Neste contexto, as disposições das secções 56 e 59 são relevantes. O artigo 56.º estabelece que "nenhuma pessoa pode exercer outra atividade financeira na Nigéria que não seja a corretagem de seguros e de acções, exceto se se tratar de uma empresa devidamente constituída na Nigéria e que possua uma licença válida, e quanto aos que já exerciam a atividade antes do início do decreto, devem solicitar uma licença ao BCN no prazo de seis meses, caso contrário deixarão de exercer essa atividade financeira. Por outro lado, o n.º 1 do artigo 59.º estabelece que a CBN tem poderes para supervisionar e regulamentar as actividades de outras instituições financeiras. Diz ainda (na subsecção (2)) que a CBN pode nomear examinadores e qualquer outra pessoa para proceder ao exame regular ou de rotina dos livros e assuntos das outras instituições financeiras.

Embora tenha sido amplamente argumentado que este decreto irá sanear o sector financeiro e ajudar a mostrar a verdadeira natureza das relações e eventos que constituem a fibra do sistema financeiro nigeriano, os operadores das instituições financeiras opõem-se veementemente a ele. São antes de opinião que as suas actividades seriam mais bem geridas pela Comissão de Valores Mobiliários do que pela CBN (Ndiulor et.Al,1991). Na sua opinião, o papel moderno do Banco Central em qualquer parte do mundo não é a supervisão dos bancos ou das instituições financeiras, uma vez que essa supervisão destrói os estabilizadores internos da economia.

Neste momento, é pertinente afirmar que qualquer discussão significativa sobre o enquadramento jurídico dos bancos na Nigéria será considerada incompleta sem uma menção, mesmo que em termos sucintos, da norma contabilística relevante que trata da declaração do resultado líquido pelos bancos. Na Nigéria, a norma relevante é a Statement of Accounting Standard Number 10, também designada "Accounting by Banks and Non-Bank financial Institutions Part 1" (1990). Esta norma constitui uma tentativa de assegurar que as políticas e métodos contabilísticos seguidos pelos bancos na apresentação dos seus resultados líquidos sejam pragmáticos e estejam em conformidade com os princípios contabilísticos geralmente aceites (G.A.A.P's). Fornece orientações específicas em três áreas principais que foram identificadas como cruciais para o desempenho da função contabilística dos bancos.

Estas áreas são:

a)   Reconhecimento de rendimentos

b)   Reconhecimento de perdas; e

c)   Classificação do balanço.

[th]De um modo geral, a aplicação desta norma, juntamente com as Orientações Prudenciais emitidas para os bancos autorizados em 7 de novembro de 1990, permite agora que os bancos apresentem níveis mais realistas de resultados líquidos e uma situação mais pragmática.

INCERTEZA NO AMBIENTE BANCÁRIO

O sector bancário na Nigéria, tal como noutros países do terceiro mundo, é ainda muito jovem. Isto deve-se ao nível geralmente baixo de desenvolvimento das economias destes países. Todas as empresas interagem com o seu ambiente e são, por sua vez, influenciadas por ele. Assim, as empresas devem conceber formas e meios de lidar eficazmente com o seu ambiente. Duncan (1972) define o ambiente de uma empresa como "a totalidade dos factores físicos e sociais que são tomados diretamente em consideração no comportamento decisório dos indivíduos". Tung (1979), no entanto, classifica o ambiente das organizações em duas grandes categorias: forças internas e externas que operam dentro da própria organização. São exemplos os processos de comunicação, os processos de liderança/motivação, os produtos da organização, etc. Por outro lado, o ambiente externo refere-se a todos os factores exteriores à empresa, tais como os seus clientes, concorrentes, governos, tecnologia, etc.

Em termos mais gerais, Iyanda (1988) categoriza o ambiente empresarial em três: o ambiente económico, o ambiente jurídico-político e o ambiente social. O presente estudo incide essencialmente nos dois primeiros.

Na Nigéria, o ambiente bancário está constantemente a sofrer alterações rápidas e, uma vez que existem várias variáveis ambientais em constante interação, como a regulamentação governamental, as alterações das taxas de juro e a concorrência entre bancos, para citar apenas algumas, o cenário bancário nigeriano pode ser descrito como complexo e dinâmico.

Um ambiente é considerado complexo se as variáveis que o constituem forem numerosas. Isto é contrário a um ambiente simples com apenas algumas variáveis ambientais. Além disso, um ambiente é considerado dinâmico se sofrer mudanças rápidas de tempos a tempos, ao contrário de um ambiente estático que se caracteriza por poucas ou nenhumas mudanças. Emery e Trist (1965) afirmam que os vários processos através dos quais as variáveis ambientais estão interligadas podem ser descritos como a "Textura Causal" do ambiente. Dependendo do sector específico a que uma organização pertence e do estado geral das actividades empresariais, a textura causal que determina o nível de incerteza no ambiente pode ser suave ou turbulenta.

Antes da introdução do Programa de Ajustamento Estrutural, o nível de incerteza no ambiente bancário era bastante moderado, uma vez que não existia uma pressão séria sobre os recursos de tesouraria dos bancos. De facto, parecia haver tanto dinheiro que os bancos não sabiam bem o que fazer com ele. Não era raro, portanto, que os bancos comerciais recusassem clientes potenciais que desejavam abrir contas com eles (Ofonagoro, 1986). Durante este período, os bancos limitavam-se a lidar com ligeiras flutuações das taxas de juro, com a inflação e com outros regulamentos da CBN, sem qualquer nuvem de incerteza no horizonte.

O conceito de incerteza tem sido definido por vários autores de diversas formas. No entanto, para efeitos do presente estudo, a definição considerada mais relevante é a de Duncan

(1972); e Downey e Slocum, (1975). Estes autores definiram a incerteza como "a incapacidade de prever com exatidão os resultados de uma decisão". Desde 1986, após a introdução do PAE, o ambiente bancário e o sistema financeiro em geral têm sido altamente incertos. Com este programa, a Nigéria passou de uma economia rigorosamente controlada, com grandes intervenções do Estado, para uma economia praticamente sem controlo.

Além disso, o exercício periódico de limpeza da liquidez por parte da CBN conduziu também a um aumento da concorrência entre os bancos, que passaram subitamente a viver um novo fenómeno - a terrível escassez de fundos no sistema.

HIPÓTESES DE INVESTIGAÇÃO

Tendo em conta os objectivos declarados do estudo, foram formuladas as seguintes hipóteses para serem testadas:

1. Ho:

    Os bancos comerciais e os bancos de investimento têm o mesmo nível de perceção da incerteza ambiental.

2. Ho:

    Os bancos privados e os bancos controlados pelo Estado têm o mesmo nível de perceção da incerteza ambiental.

3. Ho:

Não existe uma diferença significativa entre os novos bancos e os antigos na sua perceção dos controlos da CBN sobre o sector bancário nigeriano.

4. Ho:

Não existe uma diferença significativa entre os bancos novos e os bancos antigos nas suas atitudes em relação às variáveis ambientais.

5. Ho:

A proporção de fundos investidos em instrumentos do mercado monetário é independente do nível de incerteza ambiental percebida.

6. Ho:

Os bancos comerciais detêm o mesmo nível de investimentos no mercado monetário que os bancos comerciais.

7. Ho:

Não há diferença entre as estratégias de geração de fundos dos bancos novos e dos bancos antigos.

8. Ho:

Os bancos privados e os bancos controlados pelo Estado têm o mesmo nível de desempenho económico.

CAPÍTULO 3
METODOLOGIA DE INVESTIGAÇÃO
3.1   INTRODUÇÃO

"As coisas não andam por aí com as suas medidas estampadas, como a capacidade de um vagão de carga. É necessário um certo grau de investigação para descobrir quais são as suas medidas2 ". Wdner (7911:129).

De acordo com esta filosofia, o presente estudo tem como objetivo investigar a relação entre a gestão de tesouraria e a rendibilidade dos bancos num ambiente de incerteza. Por conseguinte, este capítulo procura destacar os procedimentos seguidos na produção de dados para o estudo, a forma como foram analisados e interpretados e as limitações específicas daí decorrentes.

3.2   POPULAÇÃO

A população em estudo incluía todos os bancos comerciais e mercantis da Nigéria com uma licença de funcionamento em 21st de agosto de 1991. Exclui, no entanto, os bancos de desenvolvimento, os bancos hipotecários, os bancos comunitários e o Banco Popular.

Para efeitos do presente estudo, os bancos foram classificados da seguinte forma:

a) Funcionalismo, ou seja, bancos comerciais e bancos mercantis. Um banco é considerado um banco comercial se, para além das suas outras actividades bancárias, for autorizado por lei a aceitar depósitos inferiores a N50.000 e levantáveis por cheque. Um banco comercial, por outro lado, é um banco que só pode aceitar depósitos superiores a N50.000 e não pode fornecer facilidades de cheque aos clientes.

b) Controlabilidade, ou seja, bancos controlados pelo Estado e bancos privados.
Um banco é considerado como controlado pelo Estado se o Estado (a qualquer nível ou uma combinação dos mesmos) for o maior acionista individual. Todos os outros bancos são considerados bancos privados.

c) Localização geográfica: ou seja, bancos da zona de Lagos e bancos fora da zona de Lagos. A expressão "bancos da zona de Lagos" refere-se aos bancos com sede em Lagos, enquanto todos os outros bancos com sede fora de Lagos são considerados bancos não pertencentes à zona de Lagos.

d) Idade, ou seja, bancos novos e bancos antigos. A este respeito, todos os bancos em atividade há menos de cinco anos são considerados bancos novos, enquanto todos os outros bancos em atividade há cinco ou mais anos são considerados bancos antigos (ver quadro 1, secção 4.2).

No entanto, os objectos de estudo foram os gestores dos departamentos de tesouraria (e das instituições financeiras) dos bancos, uma vez que se considerou que estes possuíam as informações necessárias para o estudo. A partir de uma lista de bancos publicada pelo Banco Central da Nigéria, foi selecionada uma amostra aleatória para cada categoria de bancos (tal como classificada acima), que constituiu a unidade básica de análise. No total, foram selecionados para o estudo setenta e cinco bancos.

3.3   RECOLHA DE DADOS

Foram recolhidos dois tipos principais de dados para o estudo - dados primários e dados secundários. Os dados primários foram recolhidos através da administração de um questionário. O questionário foi acompanhado de uma nota de apresentação escrita pelo supervisor do estudo, que apresentava o estudante investigador aos inquiridos e apelava à sua colaboração, fornecendo as informações necessárias. Foi também dada uma garantia aos inquiridos de que todas as informações fornecidas seriam tratadas com a máxima confidencialidade. Uma cópia da nota de apresentação é reproduzida no Anexo 1.

O questionário (reproduzido no Anexo II) foi amplamente estruturado, empregando a escala diferencial semântica de sete pontos para medir as respostas dos sujeitos. Isto foi informado pelo pressuposto de que a amostra alvo possuía os conhecimentos necessários sobre o assunto em estudo. Uma das principais vantagens derivadas da natureza estruturada do questionário é que as respostas obtidas eram fáceis de pontuar, codificar e analisar e poupava-se muito do tempo dos inquiridos, melhorando assim tremendamente a sua taxa de resposta.

A parte inicial do questionário contém perguntas que exigem que os bancos inquiridos indiquem se são bancos comerciais ou mercantis, a localização das suas sedes, a distribuição das suas participações entre o Estado e os particulares e a idade dos bancos. Há também uma pergunta que solicita aos inquiridos que indiquem a sua posição oficial.

Esta pergunta destina-se apenas a garantir que os inquiridos são efetivamente competentes para preencher os questionários. O corpo principal do questionário contém perguntas destinadas a obter informações sobre;

a)   A importância de certos factores ambientais em relação às decisões de investimento dos bancos no mercado monetário;

b)   A previsibilidade ou não de certas variáveis ambientais que têm impacto nas operações dos bancos inquiridos;

c)   A proporção de fundos investidos em instrumentos de elevada liquidez, juntamente com alguns indicadores de desempenho selecionados, e

d)   As estratégias adoptadas pelos bancos para gerar fundos, bem como a sua perceção dos principais controlos exercidos pela CBN.

Por outro lado, os dados secundários foram recolhidos de materiais publicados, como relatórios anuais, materiais de biblioteca, manuais escolares e artigos de revistas.

3.4 ADMINISTRAÇÃO DO QUESTIONÁRIO

Foram enviadas cópias do questionário por correio para a amostra aleatória de setenta e cinco bancos. Foi-lhes concedido um prazo de dez dias úteis para receberem e preencherem os questionários, após o que foram efectuadas chamadas pessoais para os acompanhar e recolher. Aos que não puderam devolver os questionários no prazo estipulado, foi concedido um prazo suplementar de cinco dias úteis, findo o qual lhes foi solicitado que os devolvessem, independentemente de terem sido preenchidos ou não (ver quadro 2, secção 4.20, para uma análise dos questionários devolvidos).

3.5 PROCEDIMENTOS DE ANÁLISE DE DADOS

De acordo com Mautz et al (1980), qualquer método de investigação é largamente regido pelo tipo de problema que o investigador enfrenta, pela natureza do juízo que faz e pelo carácter dos dados examinados. Além disso, um exame atento dos diferentes métodos empregues em várias disciplinas revelará que cada uma delas desenvolveu uma atitude e um procedimento que lhe são próprios. Assim, tendo em conta os postulados acima referidos, a análise dos dados para este estudo é feita em grande parte através da utilização de programas informáticos e de software. Foi utilizado um pacote de análise especial - o Statistical Package for the Social Sciences (SPSS) - num computador pessoal IBM. Este pacote inclui vários tipos de análise de regressão e correlação, análise de variância, análise discriminante, etc. O pacote foi utilizado para medir a relação linear entre as variáveis testadas através do cálculo do coeficiente de correlação do momento do produto de Pearson r, enquanto o teste t de Student foi utilizado para testar as hipóteses.

O coeficiente de correlação momento-produto de Pearson fornece uma expressão numérica concreta do grau e da direção da relação entre duas variáveis e varia entre - 1 e +1, inclusive. Ferman et al (1975). Se o valor calculado for -1, significa que existe uma correlação negativa perfeita entre as variáveis, ao passo que um valor calculado de +1 implica a existência de uma correlação positiva perfeita.

Um coeficiente de correlação de 0 implica a ausência de correlação entre as variáveis.

O teste t de Student foi utilizado para testar as hipóteses, uma vez que é geralmente considerado um procedimento estatístico adequado para testar diferenças nas médias populacionais. Emory (1976).

No entanto, a fim de aumentar a utilidade dos questionários e assegurar uma boa medida de coerência nas respostas obtidas, o valor nominal por ação dos bancos inquiridos foi padronizado em N1,00. Esta medida foi concebida para elevar a um nível comparável o lucro por ação dos bancos. Além disso, os vários factores que constituem as variáveis ambientais do sector bancário foram adicionados e as respectivas pontuações médias foram calculadas.

Além disso, a fim de facilitar a classificação dos bancos com base na idade, as respostas dos bancos com um período de atividade entre um e quatro anos foram adicionadas, sempre que desejado, e daí derivou uma pontuação média.

Além disso, para efeitos de avaliação do desempenho dos bancos, foram especificados no questionário três índices de desempenho. Trata-se do lucro por ação, da rendibilidade dos fundos dos acionistas e da margem bruta de lucro.

a)   Lucro por ação:

Os resultados por ação foram calculados utilizando a seguinte fórmula:

Net Profit After Tax (Less Preferred Stock Dividend)

Number of shares outstanding.

Tal como acima referido, o número de acções em circulação foi ajustado e determinado com base num valor nominal de N1,00 por ação emitida e com direito a dividendos à data do último exercício financeiro dos bancos.

b) Rendimento do capital próprio

O cálculo foi efectuado com base no seguinte formulário:

Net Profit before Tax

------------------------ X 100%

Shareholders' funds

O lucro antes de impostos foi utilizado a fim de evitar quaisquer distorções que possam ser causadas por disposições fiscais que não têm efetivamente qualquer influência no desempenho.

c) Margem de lucro bruto:

A margem bruta de lucro foi calculada sobrepondo o lucro antes de impostos dos bancos ao seu lucro total do ano e multiplicando o resultado por 100%. Mais uma vez, foram utilizados os lucros antes de impostos pelas mesmas razões que as acima referidas. É interessante notar que a utilização dos rácios acima referidos, em vez da utilização de valores absolutos de lucros líquidos ou brutos, reduz o impacto da dimensão do banco na rendibilidade dos bancos. Emersib (1983). Além disso, foi solicitado aos bancos visitados que disponibilizassem cópias das suas últimas demonstrações financeiras.

3.6 LIMITAÇÕES DA METODOLOGIA

A metodologia adoptada na conceção do estudo e na análise dos dados apresenta alguns inconvenientes. Em primeiro lugar, houve um problema com a representatividade da amostra estudada. [st]Em 21 de agosto de 1991, existiam cerca de cento e treze bancos comerciais e mercantis a operar na Nigéria. Uma amostra de setenta e cinco bancos com uma taxa de resposta de sessenta por cento pode não ser verdadeiramente representativa de toda a população. Assim, as conclusões a que se chegou devem ser interpretadas com algum grau de cautela.

Em segundo lugar, os dados utilizados para certos aspectos do estudo podem não ser verdadeiramente homogéneos, uma vez que alguns dos inquiridos não puderam fornecer cópias dos seus últimos relatórios anuais. Por conseguinte, foi extremamente difícil e, em alguns casos, quase impossível verificar as bases utilizadas para calcular os seus resultados por ação e a rendibilidade dos fundos próprios.

Além disso, o procedimento adotado na análise dos dados não incorpora plenamente todas as variáveis que influenciam as decisões de investimento dos bancos nem o seu desempenho. Por conseguinte, a interpretação dos resultados pode não dar necessariamente uma imagem exacta da situação real.

CAPÍTULO 4

RESULTADOS

4.1 INTRODUÇÃO

Neste capítulo, procura-se apresentar os resultados da análise informática dos dados recolhidos para o estudo. Também se procura testar as hipóteses formuladas como base para fornecer informações para discussão.

4.2 RESPOSTAS AO QUESTIONÁRIO

Tal como referido no capítulo 3, a população em estudo foi categorizada com base em parâmetros claramente definidos e foi selecionada uma amostra aleatória para cada categoria. O quadro 1 apresenta esta classificação.

Quadro 1: **CLASSIFICAÇÃO DOS BANCOS SELECCIONADOS PARA O ESTUDO**

S/N	CLASSIFICATION BASE	CATEGORY OF BANK	NO. SELECTED	PERCENTAGE COMPOSITION (%)
1	Functionalism	Commercial Banks	40	53
		Merchant Banks	35	47
II	Controllability Govt. Controlled.	Banks	20	27
		Private Banks	55	73
III	Geographical Location	Lagos Area Banks	55	
		Non Lagos Area Banks	20	27
IV	Age	New Banks	45	60
		Old Banks	30	40

O quadro 1 mostra que, no total, foram selecionados para o estudo setenta e cinco bancos, aos quais foram enviadas cópias do questionário. No entanto, apenas quarenta e cinco questionários úteis foram devolvidos pelos inquiridos, o que corresponde a uma taxa de resposta de 60%.

A análise das respostas dos bancos é apresentada no quadro 2.

Quadro 2: **SÍNTESE DAS RESPOSTAS DOS BANCOS**

S/N	CATETORY OF BANK	NO. OF QUESTIONNAIRES ADMINISTERED	NO. RETURNED	RESPONSE RATE
I	Commercial – Banks	40	21	53%
	Merchant – Banks	35	24	69%
II	Govt. Controlled Banks	20	15	75%
	Private Banks	55	30	55%
III	Lagos Area Banks	55	39	71%
	Non Lagos Area- Banks	20	6	30%
IV	New Banks	45	26	58%
	Old	30	19	63%

É instrutivo notar que três dos inquiridos devolveram os seus questionários sem os preencher, alegando que as suas organizações não estavam predispostas a divulgar segredos oficiais.

4.   3ANÁLISE DE DADOS

A fim de determinar as principais fontes de incerteza no ambiente bancário, foram analisadas as pontuações médias e o desvio padrão das respostas dos bancos comerciais e mercantis aos vários factores ambientais. Estes são apresentados na tabela 3 abaixo.

Quadro 3:

RESUMO DA MÉDIA E DO DESVIO-PADRÃO DA PERCEPÇÃO DOS BANCOS COMERCIAIS E MERCANTIS SOBRE AS VARIÁVEIS AMBIENTAIS INDIVIDUAIS

Environmental Variable	Commercial Banks		Merchant Banks	
	Mean	Standard Deviation	Mean	Standard Deviation
Govt. Regulations	2	1.16	2	1.17
Riskiness of- Investment	4	1.14	5	1.01
Interest rate	4	1.09	4	0.61

Competitors- (Other Banks)	5	1.05	5	0.97
Competitors (Non- Banks)	4	1.31	5	0.98
Liquidity of- Investment	5	1.11	5	0.93
Customer Needs	4	1.10	4	0.86

Para compreender plenamente o quadro real apresentado pelas pontuações médias acima referidas, o ambiente bancário foi avaliado com base nas pontuações atribuídas às suas variáveis constituintes, como se mostra a seguir:

Carácter de	pontuação
1	Muito, muito imprevisível
2	Muito imprevisível
3	Imprevisível
4	Bastante previsível
5	Previsível
6	Muito previsível
7	Muito, muito previsível

A partir da tabela 3, podemos ver que os bancos comerciais e mercantis estudados registaram uma pontuação média de 2 cada no que diz respeito aos regulamentos governamentais, enquanto os valores registados para as outras variáveis variaram entre 4 e 5. A implicação disto, portanto, é que de todas as variáveis que compõem o ambiente bancário nigeriano, a regulamentação governamental destaca-se como a mais imprevisível; enquanto todas as outras variáveis são ou bastante previsíveis ou previsíveis.

Tendo em conta a inadequação de uma interpretação direta das respostas médias, foi testada a seguinte hipótese com um nível de significância de 0,05 (ver quadro 4 para um resumo dos resultados relevantes).

Quadro 4:

Resumo dos resultados agregados sobre as variáveis ambientais para

Bancos comerciais e mercantis

Groups	No. of Cases	Mean	Standard Deviation	Standard Error
Commercial — Banks	21	22.42	5.24	1.14
Merchant — Banks	24	29.83	4.12	0.84

Hipótese 1.

"Os bancos comerciais e os bancos de investimento têm o mesmo nível de perceção da incerteza ambiental."

Aplicando o teste T aos dados da tabela 4, obteve-se um valor calculado de 1,01 a partir da impressão do computador com 43 graus de liberdade. Este valor é inferior ao valor crítico (tabela) de 1,645. Por conseguinte, aceitamos a hipótese nula e rejeitamos a hipótese alternativa de que "existe uma diferença significativa no nível de perceção da incerteza ambiental entre os bancos comerciais e os bancos de investimento". Além disso, alargando os mesmos princípios aos bancos controlados pelo Governo e aos bancos privados, foi também testada a seguinte hipótese ao nível de significância de 0,05 (ver quadro 5 para um resumo dos resultados relevantes).

Table 5:

RESUMO DOS RESULTADOS SOBRE A INCERTEZA AMBIENTAL PARA BANCOS CONTROLADOS PELO GOVERNO E BANCOS PRIVADOS

Groups	No. of Cases	Mean	Standard Deviation	Standard Error
Govt. controlled-Banks	15	30.93	5.84	1.51
Private Banks	30	28.30	3.78	0.69

Hipótese 2.

"Os bancos privados e os bancos controlados pelo Governo têm o mesmo nível de perceção da incerteza ambiental". Aplicando o teste T aos dados da tabela 5, obteve-se um resultado t calculado de 1,83 a partir da impressão do computador.

Este valor é superior ao valor crítico de 1,645 obtido a partir da tabela com 43 graus de liberdade. Assim, rejeitamos a hipótese nula e aceitamos a hipótese alternativa de que "o nível de incerteza ambiental percebida é mais elevado para os bancos privados do que para os bancos controlados pelo Governo".

Foram também recolhidos dados relativos à perceção que os bancos têm dos principais controlos exercidos pela CBN, especialmente no que respeita à execução da política monetária do governo. Embora tenha sido recolhido um vasto leque de dados, a análise limitou-se ao instrumento mais dinâmico e vigorosamente utilizado pela CBN, ou seja, os seus requisitos quanto à detenção mínima de reservas de caixa, activos líquidos especificados, depósitos especiais e títulos de estabilização. Para o efeito, os sujeitos foram agrupados em bancos novos e antigos. A Tabela 6 apresenta um resumo dos resultados da análise computacional.

Quadro 6: **SÍNTESE DOS RESULTADOS DA PERCEPÇÃO DOS BANCOS DOS PRINCIPAIS CONTROLOS DO BCN**

Groups	No. of Cases	Mean	Standard Deviation	Standard Error
New Banks	26	6.26	1.07	0.21
Old Banks	19	5.52	1.89	0.43

Aplicando o teste T aos dados acima referidos, foi testada a seguinte hipótese com um nível de significância de 0,05.

Hipótese 3.

"Não existe uma diferença significativa entre os novos bancos e os antigos na sua perceção dos controlos da CBN sobre o sector bancário nigeriano".

A partir da impressão do computador, foi obtido um resultado t calculado de 1,67 com 43 graus de liberdade. Uma vez que este valor é superior ao valor crítico (tabela) de 1,645, rejeitamos a hipótese nula e aceitamos a hipótese alternativa de que "o impacto dos controlos da CBN é maior nos bancos novos do que nos bancos antigos".

Com base no resultado do teste da hipótese 3, os mesmos princípios foram alargados às atitudes das duas categorias de bancos em relação ao seu ambiente. O Quadro 7 apresenta um resumo dos resultados.

Quadro 7: **SÍNTESE DOS RESULTADOS DAS ATITUDES DOS BANCOS RELATIVAMENTE AO SEU AMBIENTE**

Groups	No. of Cases	Mean	Standard Deviation	Standard Error
New Banks	26	40.80	3.65	0.71
Old Banks	19	38.64	4.23	0.97

Aplicando o teste T aos dados acima referidos, foi testada a seguinte hipótese com um nível de significância de 0,05.

Hipótese 4.

"Não existe uma diferença significativa entre os bancos novos e antigos nas suas atitudes em relação às variáveis ambientais".

A partir da impressão do computador, foi obtido um valor t calculado de 1,80 com 43 graus de liberdade. Este valor é superior ao valor crítico (tabela) de 1,645. Assim, rejeitamos a hipótese nula e aceitamos a hipótese alternativa de que "os novos bancos são mais sensíveis ao seu ambiente do que os bancos antigos".

Além disso, para analisar a forma como os bancos reagem ao seu ambiente em termos de gestão dos seus fundos e o consequente impacto na sua rendibilidade, foi realizada uma análise de correlação das principais variáveis em estudo. A Tabela 8 apresenta um resumo dos resultados para toda a amostra.

Quadro 8: **RESUMO DOS RESULTADOS DE CORRELAÇÃO PARA A AMOSTRA**

	V22	V23	V24
X1	0.040	-0.010	-0.242
V21	0.102	0.018	0.120

Em que X1 = Incerteza ambiental.

V 21 = Proporção de fundos investidos em instrumentos do mercado monetário

V 22 = Resultados por ação

V 23 = Rendimento dos fundos dos acionistas

V 24 = Margem de lucro bruto

O quadro 8 mostra que existe uma relação positiva fraca entre a incerteza ambiental e os lucros por ação, ao passo que existe uma relação negativa fraca entre a incerteza ambiental e a rendibilidade dos fundos dos acionistas e a margem bruta de lucro, respetivamente. O quadro mostra também que existe uma relação fraca entre a proporção de fundos afectados a instrumentos do mercado monetário e o desempenho dos bancos. No entanto, quando as variáveis X1 e V21 foram correlacionadas para a amostra, obteve-se um coeficiente de 0,3594. Este coeficiente, embora fraco, é positivo, o que implica que, à medida que o ambiente se torna cada vez mais incerto, a proporção de fundos investidos em instrumentos do mercado monetário aumenta. Com base neste coeficiente, foi testada a seguinte hipótese.

Hipótese 5.

"A proporção de fundos investidos em instrumentos do mercado monetário é independente do nível de incerteza ambiental percebida".

A partir de cálculos efectuados manualmente, foi obtido um valor calculado de 2,523 (ver Apêndice III para detalhes do teste). A um nível de significância de 0,01, obteve-se um valor crítico de 2,704 a partir da tabela com 43 graus de liberdade. Como este valor é superior ao valor calculado de 2,525, não rejeitamos a hipótese nula. No entanto, quando o teste foi repetido ao nível de significância de 0,05, obteve-se um valor crítico (tabela) de 2,021. O valor calculado de 2,525 é superior ao valor crítico (tabela) de 2,021, pelo que rejeitamos a hipótese nula e aceitamos a hipótese alternativa de que "A proporção de fundos investidos em instrumentos do mercado monetário é determinada pelo nível de incerteza ambiental percebida".

A partir deste resultado, foi efectuada uma análise adicional para verificar se existia uma diferença significativa entre o nível de instrumentos do mercado monetário detidos pelos bancos comerciais e pelos bancos de investimento. Para o efeito, foi testada a seguinte hipótese a um nível de significância de 0,05.

Hipótese 6.

"Os bancos comerciais detêm o mesmo nível de investimentos no mercado monetário que os bancos comerciais".

O quadro 9: (apresentado abaixo) contém um resumo dos resultados.

Quadro 9: RESUMO DOS RESULTADOS DA CAIXA DOS BANCOS COMPROMISSO PARA INVESTIMENTOS NO MERCADO MONETÁRIO

GROUPS	NO. OF CASES	MEAN	STANDARD DEVIATION	STANDARD ERROR
Commercial Banks	21	4.00	1.18	0.25
Merchant Banks	24	4.50	0.97	0.20

Aplicando o teste T aos dados, obteve-se um valor calculado de 1,55 a partir da impressão do computador. Este valor é inferior ao valor crítico de 1,645 obtido a partir da tabela com 43 graus de liberdade. Assim, não conseguimos rejeitar a hipótese nula.

Foram recolhidos outros dados para analisar as estratégias de geração de fundos adoptadas pelos bancos. Os resultados estão resumidos na tabela 10 abaixo.

Tabela 10:

RESUMO DAS ESTRATÉGIAS DE GERAÇÃO DE FUNDOS DOS BANCOS

Strategies	New Banks Mean	Standard Deviation	Old Banks Mean	Standard Deviation
Advertisement in electronic Media	3.34	2.97	2.21	2.22
Advertisement in newspaper	2.92	2.84	2.36	2.77
Personal Office to Office Campaigns	3.30	2.34	1.73	2.23
Contacts through the Telephone	2.30	2.85	2.84	2.83
Advertisement in Journals & Magazines	1.11	1.03	0.63	1.06

Uma análise cuidadosa das médias das duas categorias de bancos sugere que, em média, os novos bancos são mais agressivos na angariação de fundos do que os bancos antigos. Tomando as campanhas pessoais de escritório a escritório como medida da agressividade da procura de fundos por parte dos bancos, foi testada a seguinte hipótese a um nível de significância de 0,05.

Hipótese 7.

"Não existe uma diferença significativa entre as estratégias de geração de fundos dos novos e dos antigos bancos".

Aplicando o teste T aos dados, obteve-se um valor calculado de 2,26 a partir da impressão do computador com 43 graus de liberdade. Este valor é superior ao valor crítico de 1,684 obtido a partir da tabela. Assim, rejeitamos a hipótese nula e aceitamos a hipótese alternativa de que "os novos bancos são mais agressivos na geração de fundos do que os bancos antigos".

Por último, foram recolhidos dados para efetuar uma avaliação comparativa do desempenho dos bancos, especialmente tendo em conta as Orientações Prudenciais (1990) recentemente introduzidas para os bancos e a Declaração de Normas Contabilísticas n.º 10, também conhecida como "Contabilidade dos Bancos e das Instituições Financeiras Não Bancárias - Parte 1". Os resultados estão resumidos no quadro 11 abaixo.

Quadro 11: SÍNTESE DOS RESULTADOS SOBRE O DESEMPENHO DOS BANCOS

Performance Indices	Government controlled Banks		Private Banks	
	Mean	Standard Deviation	Mean	Standard Deviation
Earnings Per Share	40.26	51.58	60.23	78.78

Com base nos dados acima referidos, foi testada a seguinte hipótese com um nível de significância de 0,05.

Hipótese 8.

"Os bancos privados e os bancos controlados pelo Estado têm o mesmo nível de desempenho económico".

Para o primeiro índice de desempenho, ou seja, os lucros por ação, foi obtido um resultado t calculado de 1,02 a partir da impressão informática, com 43 graus de liberdade. Este valor é inferior ao valor crítico de 1,684 obtido a partir da tabela. Com base neste resultado, não rejeitamos os fundos dos acionistas, tendo sido obtido um resultado t calculado de 4,50 na impressão do computador. Este valor é superior ao valor crítico (tabela) de 1,684 obtido com 43 graus de liberdade. Assim, rejeitamos a hipótese nula e aceitamos a hipótese alternativa de que "os bancos privados têm melhor desempenho do que os bancos controlados pelo Estado".

Além disso, repetindo o teste T utilizando o terceiro índice de desempenho, ou seja, a margem de lucro bruto dos sujeitos, foi obtido um resultado t calculado de 3,99. Este valor é também superior ao valor crítico (tabela) de 1,645 obtido com 43 graus de liberdade. Por conseguinte, rejeitamos a hipótese nula e aceitamos a hipótese alternativa.

CAPÍTULO 5
DISCUSSÃO

5.1   INTRODUÇÃO

Este capítulo é essencialmente uma sinopse da conceção geral da investigação, das hipóteses testadas e dos resultados obtidos, bem como das suas implicações gerais.

5.2   RESUMO

É inegável que o panorama bancário nigeriano é caracterizado por uma série de acontecimentos históricos altamente problemáticos. Com o passar do tempo e juntamente com a evolução das economias mundiais (incluindo o terceiro mundo), o sector bancário nigeriano assume cada vez mais um carácter altamente dinâmico e imprevisível. O presente estudo é uma tentativa modesta de investigar, em termos empíricos gerais, a perceção que os bancos têm do seu ambiente; a forma como respondem a essa perceção em termos dos seus esforços de geração de fundos e a afetação dos fundos assim gerados entre as duas principais classes de investimentos, ou seja, instrumentos do mercado monetário e investimentos a longo prazo.

Para efeitos do estudo, os bancos foram classificados da seguinte forma:

(a)   Funcionalismo, ou seja, bancos comerciais e bancos de investimento.

(b)   Controlabilidade, ou seja, bancos controlados pelo Estado e bancos privados.

(c)   Localização geográfica, ou seja, bancos da zona de Lagos e bancos de fora da zona de Lagos.

(d)   Idade, ou seja, bancos novos e bancos antigos.

A população total dos bancos comerciais e mercantis que operam na Nigéria, excluindo os bancos de desenvolvimento, os bancos hipotecários, os bancos comunitários e o Banco Popular, foi dividida nos principais grupos acima especificados e foi selecionada uma amostra aleatória para cada grupo. No total, foram selecionados para o estudo setenta e cinco bancos, aos quais foram enviadas cópias de um questionário estruturado. Os questionários foram concebidos com uma escala diferencial semântica de sete pontos para registar as respostas dos sujeitos. Foram recolhidos em grande parte através de visitas pessoais aos inquiridos. No total, foram devolvidos quarenta e cinco questionários, o que corresponde a uma taxa de resposta de 60%. Foram formuladas e testadas oito hipóteses para fornecer informações adequadas para discussão, utilizando o teste T de Student com os níveis de significância desejados. Quando necessário, foi também efectuada uma análise de correlação para testar a relação entre as variáveis em estudo.

5.3   CONCLUSÕES

Tendo em conta os principais objectivos que o estudo se propunha atingir e a rigorosa análise empírica realizada, apresentam-se em seguida as principais conclusões que resultaram dos procedimentos executados.

(1)   Existe um elevado nível de perceção de incerteza ambiental entre os gestores financeiros dos bancos nigerianos. A variável predominante no ambiente, que explica o seu carácter altamente imprevisível, deriva em grande parte dos regulamentos governamentais. Esta constatação é semelhante às conclusões de Adegbite (1986).

(2)   As instituições financeiras não bancárias que operam na Nigéria não representam qualquer ameaça para a existência dos bancos comerciais e mercantis nigerianos. Esta revelação é bastante surpreendente, tendo em conta a noção generalizada de que, com o aparecimento destas instituições financeiras, os bancos estão agora a ser forçados a sentar-se.

(3)   Os bancos comerciais e os bancos de investimento não parecem apresentar qualquer diferença significativa na sua perceção do ambiente em que operam. Esta é a implicação óbvia do teste da hipótese 1 (que não foi aceite). Em grande medida, têm a mesma perceção do ambiente e, por conseguinte, reagem a ele afectando a mesma proporção dos seus fundos a investimentos no mercado monetário. Esta conclusão é ainda reforçada pelo teste da hipótese 6, que também não foi aceite.

(4)   Os bancos privados que operam na Nigéria têm um nível mais elevado de perceção da incerteza ambiental do que os bancos controlados pelo Estado. Este facto é evidenciado pelo teste da hipótese 2, confirmando assim a suspeita geral de que os gestores de alguns bancos controlados pelo Estado estão normalmente cientes de alguma legislação governamental iminente, uma vez que os regulamentos governamentais constituem uma verdadeira fonte de incerteza no horizonte bancário nigeriano.

(5)   O peso dos controlos da CBN recai mais diretamente sobre os novos bancos, que ainda estão a tentar encontrar o seu lugar, do que sobre os bancos mais antigos, que operam há mais de cinco anos. Esta situação é compreensível, uma vez que os bancos mais antigos, ao longo dos anos de atividade, se estabeleceram de tal forma que podem absorver melhor os choques dos controlos da CBN do que os novos bancos. Além disso, a base de capital dos novos bancos é normalmente mais pequena do que a dos bancos antigos, o que faz com que os novos bancos sejam normalmente apanhados desprevenidos sempre que há um grande aperto no sistema. Este facto é ainda reforçado pelo teste da hipótese 4 (confirmada), que mostra que os novos bancos são mais sensíveis ao seu ambiente do que os bancos antigos.

6.   A proporção de fundos investidos pelos bancos em instrumentos do mercado monetário é determinada pelo nível de incerteza ambiental percebida. Esta constatação não é surpreendente, uma vez que os bancos tendem a monitorizar constantemente o seu ambiente se quiserem manter-se suficientemente líquidos para sustentar a confiança dos seus depositantes, cujas necessidades de liquidez têm de ser satisfeitas de tempos a tempos. Uma verdadeira forma de o garantir é investir em títulos que possam ser convertidos em dinheiro

num prazo relativamente curto. Além disso, tendo em conta o facto de os controlos da CBN constituírem a maior causa de incerteza no ambiente bancário, os bancos tendem a investir uma grande parte dos seus fundos em instrumentos do mercado monetário, uma vez que quaisquer fundos mantidos inactivos durante demasiado tempo têm boas hipóteses de serem apanhados pela CBN sem aviso prévio. Não há dúvida de que isso significaria uma perda para os bancos, uma vez que o custo de geração dos fundos ainda tem de ser suportado.

7. Os novos bancos são mais agressivos nas suas acções de geração de fundos do que os bancos antigos. Este facto é evidenciado pelo teste da hipótese 7, que é confirmada. Esta conclusão confirma a opinião generalizada de que os novos bancos na Nigéria estão a tentar ultrapassar os bancos antigos, conquistando alguns dos seus principais clientes e oferecendo-lhes um serviço de melhor qualidade, com o objetivo de manter o seu patrocínio e, possivelmente, atrair novos clientes.

8.) Os bancos privados têm um nível de desempenho económico mais elevado do que os bancos controlados pelo Estado. Esta conclusão parece corroborar a conclusão de Ojomeruayes (1987) de que "parece existir uma relação negativa entre o desempenho dos bancos e a percentagem de participação do Estado no capital".

5.4 RECOMENDAÇÕES

Com base nas conclusões acima referidas, que foram evidenciadas principalmente em resultado dos testes empíricos efectuados, são propostas as seguintes recomendações;

1. a regulamentação governamental sobre todo o sistema financeiro deve ser reduzida ao mínimo indispensável. Por uma questão de necessidade   prática, o Banco Central da Nigéria deve ser encorajado a desempenhar um papel de apoio aos principais actores do sistema, em vez de enfatizar os seus poderes de controlo.

2. os bancos antigos na Nigéria, ou seja, os bancos que operam há cinco anos ou mais, devem empregar meios mais agressivos de gerar fundos, em vez de confiarem apenas na boa vontade que estabeleceram ao longo dos anos. Desta forma, espera-se que haja uma melhoria geral da qualidade dos serviços bancários que prestam.

3. as actividades do Comité Técnico de Privatização e Comercialização devem ser vigorosamente alargadas ao sector bancário, com o resultado de que todos os bancos falidos atualmente sob o controlo direto do governo devem ser privatizados. O governo não tem necessariamente de se desfazer totalmente das suas participações nesses bancos. O que se defende aqui é que o governo venda acções suficientes para lhe dar o estatuto de acionista minoritário nos bancos em dificuldades.

5.5   INVESTIGAÇÃO SUPLEMENTAR

Para quem estiver interessado em aprofundar a investigação sobre as variáveis atualmente consideradas, podem ser aprofundadas as seguintes áreas.

1.   Dos cento e treze bancos comerciais e mercantis que operam na Nigéria, apenas quarenta e cinco bancos foram efetivamente envolvidos no estudo. Embora os bancos estivessem adequadamente distribuídos pelas várias classificações utilizadas, é provável que uma amostra maior fosse mais representativa, com resultados mais facilmente generalizáveis.

Os índices de desempenho utilizados em investigações futuras devem poder ser verificados. Uma forma de o garantir é utilizar o ano financeiro histórico, quando as demonstrações financeiras dos bancos inquiridos devem ter sido apresentadas ao Banco Central da Nigéria.

Finalmente, este estudo poderia ser replicado num futuro próximo para determinar a relação entre as variáveis em relação aos bancos de desenvolvimento, aos bancos comunitários e ao Banco Popular.

BIBLIOGRAFIA

LIVROS

1. Anreder S: Corporate Finance (Nova Iorque: Alexander Hamilton Institute Inc. 1977)

2. Blythe L: Foreign Banking Systems: Banking In Canada (Plymoth: MacDonald and Evans Ltd; 1978)

3. Caswell F. Success in Statistics (Londres: John Murry Pub. Ltd, 1982)

4. Cobb A: Banks' Cash Reserves. (Nova Iorque: Green wood Press Pub. 1969)

5. Edmister R: Financial Institutions, Markets and Management (Nova Iorque: McGrawHill Inc. 1980)

6. Einzig P: Parallel Money Markets Vol 1 (Londres: University Printing House. 1971)

7. Emory C: Business Research Methods (Homewood, Illinois: Richard Irvin Inc. 1976)

8. Familoni K. Development of Macroeconomic Policy (Lagos: Concept Publications 1989)

9. Ferman G e Levin J: Social Science Research (Nova Iorque: Aschenkman Pub. 1975)

10. Gianotti J e Smith R: Treasury Management: A Practitioner's Handbook (Nova Iorque: John Wiley & Sons Inc. 1981)

11. Handscombe R. (Ed): Bankers' Management Handbook (Londres: McGrawHill Book Co. 1976)

12. Holden J: Jones and Holden's Studies in Practical Bank (Londres: Pitman Pub. 1971)

13. Iyanda O e Bello J (Eds): Elements of Business in Nigeria (Lagos: University of Lagos Press. 1988)

14. Lusztig P & B. Swab: Managerial Finance in Canadian Setting (Toronto: Butterworths and Co. 1972)

15. Masten J e W. Haynes: Texto programado sobre moeda e banca

16. Mather L: The Lending Banker (Londres: Waterloo and Sons Ltd. 1962)

17. Mautz R e H Sharaf: The Philosophy of Auditing (Nova Iorque: American Accounting Assoc. 1980)

18. Moore B: An Introduction of the Theory of Finance (Nova Iorque: Greenwood Press Pub. 1968)

19. Nachmias C et al: Research Methods in the Social Sciences (Nova Iorque): St. Martins Press Inc. 1981.

20. Nwankwo G: The Nigerian Financial System (Lagos: Macmillan Publishers, 1988)

21. Ojo A. et al: Banking and Finance in Nigeria (Bedforshire: Graham Burn, 1982)

22. Prideaux J: "The Business of Banking". Em Banking For Profit: The Efficient Use of Resources

23. Rose H: The Economic Background to Investment Behaviour (Londres: Cambridge University Press 1966)

24. Wood J: Commercial Bank Loan and Investment Behaviour (Londres, John Wiley and Sons Ltd., 1975)

JORNAIS

1. Adegbite O. "Planning In Nigerian Business" Long Range Planning. (1986) Pp 98-103.

2. Cooper J. "Money and Stock Prices: Some International Evidence". The Investment Analyst. 1979) Pp 33 - 37.

3. Duncan R. "Characteristics of Organizational Environments and Perceived Environmental Uncertainty" Administrative Science Quarterly. (1972)

4. Emery F. et al. "The Causal Texture of Organizational Environments". Human Relations (1985). Pp21-32.

5. Lee T. "Funds Statement and Cash Analysis" The Investment Analyst (1979) .P13

6. Mayne L. "Supervisory Influence on Bank Capital" Journal of Finance (1972). Pp37 - 52.

7. Peltzman S. "Capital Investment in Commercial Banking and its Relationship to Portfolio Regulation". Journal of Political Economy (1970) Pp1-26

8. Tung R. "Dimensions of Organizational Environments: An Exploratory Study of their Impact on Organization Structure" Academy of Management Journal. (1979) Pp672-693.

JORNAIS

1. Agubas R. "Profitability Versus Liquidity". Guardian Financial Weekly. Jan.1991 P12.

2. Ahmed A. "Banks and Self Reliant Economy 1" (Bancos e economia autossuficiente 1). Nova Nigéria. Nov. 1988. P7

3. Chizea B. "Role of Banks in a Depressed Economy" (Papel dos bancos numa economia deprimida). National Concord Dec. 1984 P3.

4. Ofonagoro E. "Structural Adjustment Programme and Consumer Habits" (Programa de ajustamento estrutural e hábitos de consumo). Nigerian Statesman. 22 de dezembro de 1986. P5.

5. Oyugbo S. "The Realities of SAP The Punch. 24 de dezembro de 1986.

6. Ikeano N. "Programa de ajustamento estrutural arranca". Daily Times. 30 de setembro de 1986

DIVERSOS

1. Adeleke F. "Current Fiscal and Monetary Policies in Nigeria". Texto de uma palestra apresentada num curso de gestão financeira organizado pela CBN em fevereiro de 1990.

2. American Management Assoc: New Responsibilities in Corporate Finance (1962) Relatório nº.

3. Banco Central da Nigéria: Diretrizes Prudenciais para Bancos Licenciados Nov. 1990

4. República Federal da Nigéria: Diário Oficial. Decreto n.º 24. Decreto do Banco Central da Nigéria, 1991.

5. República Federal da Nigéria: Diário Oficial. Decreto n.º 25. Decreto relativo aos bancos e outras instituições financeiras, 1991.

6. Ojameruaye E. "Evaluating the Economic Performance of Public Enterprises in Nigeria" (Avaliação do desempenho económico das empresas públicas na Nigéria). Documento apresentado na Segunda Conferência Nacional organizada pelo Departamento de Administração de Empresas da Universidade do Benim. (1987)

APÊNDICE I

TESTE MANUAL DA HIPÓTESE 5

1) Hipótese nula:

"A proporção de fundos investidos em instrumentos do mercado monetário é independente do nível de incerteza ambiental percebida."

2) Teste estatístico:

O teste T de Student é utilizado porque os dados têm, pelo menos, uma forma intervalar.

3) Nível(is) de significância: 0,01 e 0,05 (Two Tailed).

4) Valor calculado:

$$t = \frac{r\sqrt{N-2}}{1-r^2}$$

Onde: t = Valor calculado do teste.

r = Coeficiente de correlação

n = Tamanho da amostra

$$t = \frac{0.3594\sqrt{45-2}}{1-0.3594^2}$$

$$= \frac{2.3567}{0.9331} = 2.525$$

5) Graus de liberdade (d.f) $\quad = N - 2$

$$= 45 - 2$$

$$= 43.$$

6) Valor crítico do teste:

A partir da tabela, obtém-se um valor de 2,704 ao nível de significância de 0,01 com 43 graus de liberdade. Este valor é superior ao valor calculado de 2,525.

7. Decisão inicial:

Não conseguimos rejeitar a hipótese nula a um nível de significância de 0,01.

No entanto, com um nível de significância de 0,05, o valor crítico obtido a partir da tabela é 2,021. Este valor é inferior ao valor possível de 2,525.

8. Decisão final:

Uma vez que o valor calculado de 2,525 é superior ao valor da tabela de 2,021 ao nível de significância de 0,05, rejeitamos a hipótese nula e aceitamos a hipótese alternativa de que "a proporção de fundos investidos em instrumentos do mercado monetário é determinada pelo nível de incerteza ambiental percebida".